나의 사랑하는
필사성경

예언서

____________님에게

손으로 쓴 성경 말씀을

주님의 이름으로

축복하며 드립니다

나의 사랑하는 필사성경 : 예언서

엮은이 | 두란노 편집부
초판 발행 | 2021. 4. 21

등록번호 | 제1988-000080호
등록된 곳 | 서울특별시 용산구 서빙고로 65길 38
발행처 | 사단법인 두란노서원
영업부 | 2078-3352 FAX | 080-749-3705
출판부 | 2078-3331

책값은 뒤표지에 있습니다.
ISBN 978-89-531-4002-8 04230 Printed in Korea
(세트) 978-89-531-3893-3 04230
독자의 의견을 기다립니다.
tpress@duranno.com www.duranno.com

나의 사랑하는 필사성경

예언서

이사야 · 다니엘 · 요나
하박국 · 요한계시록

필사하는 이 :

시작한 날 : . . .

마친 날 : . . .

두란노

• 일러두기

1. 《나의 사랑하는 필사성경》은 성도들이 가장 사랑하는 성경 본문을 한 권씩 낱권 필사하기 위해 기획되었습니다.
2. 성경 각 권의 말씀을 필사하기 전에 이해를 돕기 위해 해당 본문의 개요를 수록했습니다.
3. 성경 본문 구성은 장과 절을 표기해 두었고, 개역개정 말씀을 근거로 배치되었습니다.
4. 예언서 중 좋아하는 성경 본문을 먼저 필사해도 상관없습니다.
5. 성경 한 장을 다 쓰고 나면, 소리내어 성경을 읽어 보면서 오타나 잘못 표기된 곳이 없는지 점검하고 수정하면 좋습니다. 조용히 필사한 후 소리내어 읽을 때 말씀의 이중 은혜가 있습니다. 시간을 정하고 쓰되, 너무 오랜 시간 집중하지 않도록 조절하십시오.

필사를 시작하는 기도

말씀으로 오신 주님,

오늘부터 말씀을 필사하기 원합니다.

마음과 뜻과 정성을 다해

필사할 수 있도록 은혜 주옵소서.

말씀을 읽고 또박또박 쓰면서

말씀이 머리로, 머리에서 마음으로,

마음에서 삶으로 이어지게 하옵소서.

이 한 권의 필사를 마치는 날까지

주님과 더 가까이 만나고

깊이 사귀는 은혜를 소망하며

예수님의 이름으로 기도드립니다. 아멘

활용하기

1. 《나의 사랑하는 필사성경》은 나의 사랑하는 사람들에게 선물해 보세요. 한 권 한 권 사랑하는 본문을 골라 다 쓰고 난 후 기도의 마음을 담아 "세상 하나뿐인 성경"으로 선물할 수 있습니다. 전도하고 싶은 가족, 중보기도 대상자, 작정기도 중인 분들을 위해 기도하며 말씀으로 응원하세요. 말씀은 살아 움직이는 힘이 있습니다.

2. 《나의 사랑하는 필사성경》을 작정기도 중일 때 활용해 보세요. 하루하루 작정기도를 마치고 나서 필사 시간을 정해 말씀을 쓰면서 주님의 응답을 들어 보세요. 주님은 말씀으로 우리의 기도에 응답하십니다.

3. 《나의 사랑하는 필사성경》을 인생의 중요한 일을 앞두고 써 보세요. 또는 투병 중인 환우들, 결혼을 앞둔 커플들, 독립하거나 미래를 위해 떠나는 자녀들을 위해 한 줄 한 줄 말씀을 써 보세요. 선물로 주든 내가 간직하든 필사를 통해 마음이 치유되고 소망과 기쁨이 말씀 위에 단단히 세워지는 것을 경험할 것입니다.

4. 《나의 사랑하는 필사성경》을 모아 보세요. 가족이나 소그룹 구성원들과 함께 나눠서, 만나지 못할 때 각자의 자리에서 한 권씩 시작하고 성경을 모아 가정이나 소그룹의 신앙 유산으로 간직하고 물려주세요. 누구든 말씀으로 인생의 변환점을 목도하게 될 것입니다.

○ 필사를 시작하기 전에 글씨 크기와 줄 간격을 확인해 보세요.

1 유다 왕 웃시야와 요담과 아하스
와 히스기야 시대에 아모스의 아들
이사야가 유다와 예루살렘에 관하
여 본 계시라

2

3

4

5

6

7

8

9

10

11

12

예언서 개요

성경에서 예언서는 구약성경과 신약성경 모두에서 발견된다. 구약 예언서는 이사야에서 다니엘까지(총 17권, 대예언서), 호세아에서 말라기까지(총 12권, 소예언서) 둘로 구성되어 있고, 신약 예언서는 요한계시록이다. 예언서란 '하나님의 계시를 기록한 예언자들의 책'을 의미하는데, 첫 번째 예언자는 사무엘이고, 마지막 예언자는 세례 요한이다.

본서에서는 총 30권의 예언서 중에서 그리스도인들이 가장 사랑하는 예언서인 이사야, 다니엘, 요나, 하박국, 요한계시록만을 모아 필사할 수 있도록 구성했다. 보다 익숙한 예언서를 먼저 필사하고 나면 그다음 낯선 예언서를 필사하는 일이 한층 쉬우리라 예상해서다.

예언서에 기록된 메시지는 수천 년 전 이스라엘 백성을 대상으로 한 한정적인 메시지가 결코 아니다. 모든 시대, 모든 그리스도인에게 적용되는 살아 있는 하나님의 말씀이다. 하나님이 죄를 얼마나 싫어하시는지 알려 주어 죄에 대한 경각심을 일깨우고, 무한히 자비하신 하나님을 강조해 하나님 한 분만을 의지하도록 이끌어 준다.

예언서를 필사하다가 심판의 메시지를 발견하거든 자녀가 잘되기를 바라는 부모님 같으신 하나님을 만나기 바란다. 위로하고 격려하는 메시지를 만나면 든든한 후원자가 되시는 하나님과 대면하게 되리라. 다소 어렵지만 예언서 필사를 마치면 하나님과 한 걸음 더 가까워졌음을 만끽하게 될 것이다.

이사야

저자 : 이사야

대상 : 모든 그리스도인

목적 : 우상 숭배에 빠진 유다 백성에게 심판을 선포하고, 메시아를 통한 구원을 알려 주기 위해

주제 : 죄악에 대한 하나님의 심판과 구원

구절 : "땅의 모든 끝이여 내게로 돌이켜 구원을 받으라 나는 하나님이라 다른 이가 없느니라"(사 45:22).

내용 : 이사야서는 구약 예언서의 첫 번째 책으로 하나님께 부르심을 받은 이사야가 하나님께 받은 계시를 기록한 책이다. 이사야는 아모스의 아들로서 귀족 출신 선지자였으며, 유다 왕 웃시야 말년부터 요담, 아하스, 히스기야, 므낫세 초기까지 60여 년간 예언 활동을 했다.

'성경의 축소판'이라는 이사야서는 전체 66장으로 구약 39권, 신약 27권을 닮았고 1-39장에서는 계속해서 죄를 짓는 유다 백성에게 심판을 예언하고, 40-66장에서는 하나님의 백성을 위로하며 소망을 말한다. 장차 오실 메시아에 대한 예언과 복음의 핵심을 잘 전해 준다는 의미에서 '구약의 복음', '제5복음서'라고 불린다. 이사야의 이름 뜻 역시 '구원은 여호와께로부터'다.

이사야서는 예수 그리스도를 메시아로 묘사한다. '임마누엘'(7:14)이 대표적이며, 특히 9장 6절은 예수 그리스도를 '기묘자', '모사', '평강의 왕' 등으로 묘사한다. 이사야서의 메시아 사상은 특별히 '여호와의 종' 개념으로 자주 나온다. 이는 메시아가 섬김과 희생과 십자가 고난을 통해 자기 백성을 구원하실 것을 알려 준다. 이사야서에 기록된 모든 예언은 700여 년 후 그리스도의 성육신과 공생애 사역으로 성취되었다.

이사야서는 시편(150편) 다음으로 분량이 많다. 하지만 신약성경에 가장 많이 인용된(총 66회) 구약으로, 예수님도 이사야서를 종종 언급하셨으니 힘차게 도전해 보자.

1

2

3

4

5

6

7

8

9

10

11

12

13

14

15

16

17

18

19

20

21

22

23

24

25

26

27

28

29

30

31

2

2

3

4

5

6

7

8

9

10

11

12

13

14

15

16

17

18

19

20

21

22

3

2

3

4

5

6

7

8

9

10

11

12

13

14

15

16

17

18

19

20

21
22
23

24

25

26

4

2

3

4

5

6

5

2

3

4

5

6

7

8

9

10

11

12

13

14

15

16

17

18

19

20

21

22

23

24

25

26

27

28

29

30

6

2

3

4

5

6

7

8

9

10

11

12

13

7

2

3

4

5

6

7

8

9

10

11

12

13

14

15

16

17

18

19

20

21

22

23

24

25

8

2

3

4

5

6

7

8

9

10

11

12

13

14

15

16

17

18

19

20

21

22

9

2

3

4

5

6

7

8

9

10

11

12

13

14

15

16

17

18

19

20

21

10

2

3

4

5

6

7

8

9

10

11

12

13

14

15

16

17

18

19

20

21

22

23

24

25

26

27

28

29

30

31

32

33

34

11

2

3

4

5

6

7

8

9

10

11

12

13

14

15

16

12

2

3

4

5

6

13

2

3

4

5

6

7

8

9

10

11

12

13

14

15

16

17

18

19

20

21

22

14

2

3

4

5

6

7

8

9

10

11

12

13

14

15

16

17

18

19

20

21

22

23

24

25

26

27

28

29

30

31

32

15

2

3

4

5

6

7

8

9

16

2

3

4

5

6

7

8

9

10

11

12

13

14

17

2

3

4

5

6

7

8

9

10

11

12

13

14

18

2

3

4

5

6

7

19

2

3

4

5

6

7

8

9

10

11

12

13

14

15

16

17

18

19

20

21

22

23

24

25

20

2

3

4

5

6

21

2

3

4

5

6

7

8

9

10

11

12

13

14

15

16

17

22

2

3

4

5

6

7

8

9

10

11

12

13

14

15

16

17

18

19

20

21

22

23

24

25

23

2

3

4

5

6

7

8

9

10

11

12

13

14

15

16

17

18

24

2

3

4

5

6

7

8

9

10

11

12

13

14

15

16

17

18

19

20

21

22

23

25

2

3

4

5

6

7

8

9

10

11

12

26

2

3

4

5

6

7

8

9

10

11

12

13

14

15

16

17

18

19

20

21

27

2

3

4

5

6

7

8

9

10

11

12

13

28

2

3

4

5

6

7

8

9

10

11

12

13

18

19

14

15

20

21

16

22

17

23

24

25

26

27

28

29

29

2

3

4

5

6

7

8

9

10

11

12

13

14

15

16

17

18

19

20

21

22

23

24

30

2

3

4

5

6

7

8

9

10

11

12

13

14

15

16

17

18

19

20

21

22

23

24

25

26

27

28

29

30

31

32

33

31

2

3

4

5

6

7

8

9

32

2

3

4

5

6

7

8

9

10

11

12

13

14

15

16

17

18

19

20

33

2

3

4

5

6

7

8

9

10

11

12

13

14

15

16

17

18

19

20

21

22

23

24

34

2

3

4

5

6

7

8

9

10

11

12

13

14

15

16

17

35

2

3

4

5

6

7

8

9

10

36

2

3

4

5

6

7

8

9

10

11

12

13

14

15

16

17

18

19

20

21

22

37

2

3

4

5

6

7

8

9

10

11

12

13

14

15

16

17

18

19

20

21

22

23

24

25

26

27

28

29

30

31

32

33

34

35

36

37

38

38

2

3

4

5

6

7

8

9

10

11

12

13

14

15

16

17

18

19

20

21

22

39

2

3

4

5

6

7

8

40

2

3

4

5

6

7

8

9

10

11

12

13

14

15

16

17

18

19

20

21

22

23

24

25

26

27

28

29

30

31

41

2

3

4

5

6

7

8

9

10

11

12

13

14

15

16

17

18

19

20

21

22

23

24

25

26

27

28

29

42

2

3

4

5

6

7

8

9

10

11

12

13

14

15

16

17

18

19

20

21

22

23

24

25

43

2

3

4

5

6

7

8

9

10

11

12

13

14

15

16

17

18

19

20

21

22

23

24

25

26

27

28

44

2

3

4

5

6

7

8

9

10

11

12

13

14

15

16

17

18

19

20

21

22

23

24

25

26

27

28

45

2

3

4

5

6

7

8

9

10

11

12

13

14

15

16

17

18

19

20

21

22

23

24

25

46

2

3

4

5

6

7

8

9

10

11

12

13

47

2

3

4

5

6

7

8

9

10

11

12

13

14

15

48

2

3

4

5

6

7

8

9

10

11

12

13

14

15

16

17

18

19

20

21

22

49

2

3

4

5

6

7

8

9

10

11

12

13

14

15

16

17

18

19

20

21

22

23

24

25

26

50

2

3

4

5

6

7

8

9

10

11

51

2

3

4

5

6

7

8

9

10

11

12

13

14

15

16

17

18

19

20

21

22

23

52

2

3

4

5

6

7

8

9

10

11

12

13

14

15

53

2

3

4

5

6

7

8

9

10

11

12

54

2

3

4

5

6

7

8

9

10

11

12

13

14

15

16

17

55

2

3

4

5

6

7

8

9

10

11

12

13

56

2

3

4

5

6

7

8

9

10

11

12

57

2

3

4

5

6

7

8

9

10

11

12

13

14

15

16

17

18

19

20

21

58

2

3

4

5

6

7

8

9

10

11

12

13

14

59

2

3

4

5

6

7

8

9

10

11

12

13

14

15

16

17

18

19

20

21

60

2

3

4

5

6

7

8

9

10

11

12

13

14

15

16

17

18

19

20

21

22

61

2

3

4

5

6

7

8

9

10

11

62

2

3

4

5

6

7

8

9

10

11

12

63

2

3

4

5

6

7

8

9

10

11

12

13

14

15

16

17

18

19

64

2

3

4

5

6

7

8

9

10

11

12

65

2

3

4

5

6

7

8

9

10

11

12

13

14

15

16

17

18

19

20

21

22

23

24

25

66

2

3

4

5

6

7

8

9

10

11

12

13

14

15

16

17

18

19

20

21

22

23

24

다니엘

저자 : 다니엘

대상 : 포로 생활 중인 유다 백성과 하나님을 신뢰하는 모든 그리스도인

목적 : 하나님의 절대 주권을 알려 포로 된 백성에게 소망을 주기 위해

주제 : 하나님이 하나님의 백성을 구원하신다

구절 : "그는 깊고 은밀한 일을 나타내시고 어두운 데에 있는 것을 아시며 또 빛이 그와 함께 있도다"(단 2:22).

내용 : 다니엘서는 유다 지파 왕족 출신인 다니엘이 바벨론에 포로로 잡혀가서 쓴 책이다. 그는 지혜가 뛰어나 세 친구와 함께 바벨론 왕궁 학교에 다녔고, 유배지에서도 신앙을 지켜 사자 굴에 던져졌으나 천사의 도움으로 살아난 하나님의 사람이다. 후에 하나님의 예언자로서 총리의 자리까지 올랐고 바벨론에 이어 메대, 바사 등 세 왕국을 90세가 될 때까지 다스렸다.

다니엘의 이름 뜻은 '하나님은 나의 심판자이시다'이다. 1-6장은 다니엘이 겪은 일련의 사건들을 기록한 지혜 문학 장르이고, 7-12장은 다니엘의 환상을 이야기한 묵시 문학에 속한다. '구약의 계시록'이라고 불리는 다니엘서는 이스라엘과 열방의 예언적인 역사를 신비로운 계시의 환상으로 장엄하게 펼치고 있다. 이 책에는 손대지 아니한 돌이신 예수 그리스도를 상징하는 '하나님의 은밀한 것'에 대한 언급이 많다. 이사야서가 장차 오실 메시아를 예언했다면, 다니엘서는 메시아를 통한 이스라엘 및 열방의 구원을 설명한다.

다니엘이 꾼 꿈들과 해석을 살펴보면, 악한 세상에서 고난당하는 하나님의 백성은 메시아이신 예수 그리스도를 통해 구원받는다는 사실을 알 수 있다. 모든 구약 예언서가 하나님의 심판을 담고 있다면, 다니엘서는 포로 생활이라는 어둠 속에서도 믿음의 승리와 영원한 구원의 소망이라는 긍정적인 면이 강조된다. 12장에 나오는 마지막 때에 대한 환상은 요한계시록을 이해하는 데 큰 도움이 된다. 신앙의 절개를 지킨 다니엘의 전기를 쓰는 마음으로 필사해 보자.

1

2

3

4

5

6

7

8

9

10

11

12

13

14

15

16

17

18

19

20

21

2

2

3

4

5

6

7

8

9

10

11

12

13

14

15

16

17

18

19

20

21

22

23

24

25

26

27

28

29

30

31

32

33

34

35

36

37

38

39

40

41

42

43

44

45

46

47

48

49

3

2

3

4

5

6

7

8

9

10

11

12

13

14

15

16

17

18

19

20

21

22

23

24

25

26

27

28

29

30

4

2

3

4

5

6

7

8

9

10

11

12

13

14

15

16

17

18

19

20

21

22

23

24

25

26

27

28

29

30

31

32

33

34

35

36

37

5

2

3

4

5

6

7

8

9

10

11

12

13

14

15

16

17

18

19

20

21

22

23

24

25

26

27

28

29

30

31

6

2

3

4

5

6

7

8

9

10

11

12

13

14

15

16

17

18

19

20

21

22

23

24

25

26

27

28

7

2

3

4

5

6

7

8

9

10

11

12

13

14

15

16

17

18

19

20

21

22

23

24

25

26

27

28

8

2

3

4

5

6

7

8

9

10

11

12

13

14

15

16

17

18

19

20

21

22

23

24

25

26

27

9

2

3

4

5

6

7

8

다니엘 9:9~9:18

9

10

11

12

13

14

15

16

17

18

19

20

21

22

23

24

25

26

27

10

2

3

4

5

6

7

8

9

10

11

12

13

14

15

16

17

18

19

20

21

11

2

3

4

5

6

7

8

9

10

11

12

13

14

15

16

17

18

19

20

21

22

23

24

25

26

27

28

29

30

31

32

33

34

35

36

37

38

39

40

41

42

43

44

45

12

2

3

4

5

6

7

8

9

10

11

12

13

요나

저자 : 요나

대상 : 선민주의에 사로잡힌 이스라엘 백성과 복음 전파에 힘써야 할 모든 신약 시대 그리스도인

목적 : 하나님의 부르심을 받은 모든 사람들에게 복음 전파 사명이 있음을 알려 주기 위해

주제 : 만백성을 위한 하나님의 사랑

구절 : "여호와께서 이르시되 네가 수고도 아니하였고 재배도 아니하였고 하룻밤에 났다가 하룻밤에 말라 버린 이 박넝쿨을 아꼈거든"(욘 4:10).

내용 : 열왕기하 14장 25절은 요나서의 배경을 친절하게 알려 준다. 요나의 출신지는 북이스라엘이며, 활동 시기는 주전 8세기 초반으로 여로보암 2세가 북이스라엘의 왕으로 다스릴 때다. 정치적, 경제적으로 진싱기를 구가한 북이스라엘의 안위를 위협하는 가장 강력한 잠재적 적대 세력이 앗수르였다. 북이스라엘 사람들이 앗수르에 경계심을 늦추지 않았을 때 하나님은 선민의식으로 가득 찬 요나를 부르시고 감당하기 어려운 사명을 맡기셨다. 수도 니느웨에 가서 하나님이 심판하실 것이니 회개하라는 메시지를 전파하게 하신 것이다.

요나서는 당시 이방인을 대표한다고 할 수 있는 앗수르의 니느웨 백성이 하나님의 말씀을 듣고 돌이켜 구원받는 사건을 보여 줌으로써 열방까지도 구원하고자 하시는 하나님의 구원 계획을 집중적으로 보여 준다. 1-2장은 하나님의 부르심과 요나의 불순종, 그리고 불순종한 요나에 대한 하나님의 징계와 구원을, 3장은 다시 요나를 부르신 하나님과 심판 경고를 들은 니느웨 백성의 회개를, 4장은 회개하는 니느웨 백성을 보며 불평하는 요나와 모든 사람을 향한 하나님의 사랑과 구원의 정당성을 말씀하시는 하나님에 대해 기록하고 있다.

요나서는 그림 성경 동화의 주제로 자주 등장할 정도로 한 편의 연극 같다. 등장인물의 감정을 이입해 각 구절을 필사하다 보면 인류를 향한 사랑으로 나 역시 구원받았음을 깨닫게 될 것이다.

1

2

3

4

5

6

7

8

9

10

11

12

13

14

15

16

17

2

2

3

4

5

6

7

8

9

10

3

2

3

4

5

6

7

8

9

10

4

2

3

4

5

6

7

8

9

10

11

하박국

저자 : 하박국

대상 : 타락한 남유다 백성, 신앙의 난제에 의문이드는 모든 그리스도인

목적 : 부조리한 현실에도 하나님이 세상을 다스리심을 알려 주기 위해서

주제 : 의인은 믿음으로 말미암아 산다

구절 : "보라 그의 마음은 교만하며 그 속에서 정직하지 못하나 의인은 그의 믿음으로 말미암아 살리라"(합 2:4).

내용 : 하박국은 '껴안는 자', '매달리는 자'라는 뜻의 남유다에서 활동한 예언자다. 하박국이 활동하던 때 남유다 백성은 바벨론과 애굽이라는 강대국들이 세력 다툼을 벌이는 통에 한시도 마음을 놓을 수 없었다. 그들은 사회, 경제, 도덕, 종교 등 전 분야에서 타락이 극에 달했다. 통치자들은 강대국에게 조공을 바치고자 백성을 마구 착취했고, 하나님의 말씀을 선포하는 선지자들을 핍박하기까지 했다.

정의가 굽은 부조리한 현실에서도 하나님은 신앙의 절개를 지킨 참 이스라엘 백성을 남겨 두셨다. 그들은 절망에 빠지거나 "하나님은 정의로우신가?"라는 난제 앞에 의문이 들 수밖에 없었다. 하박국 선지자가 그들의 고뇌를 대변한 질문이 하박국서의 내용이다. 처음부터 2장 20절까지 하박국의 호소와 하나님의 응답이 두 번에 걸쳐 주고받듯 기록되어 있다. 첫 번째 질문은 "정의로우신 하나님이 왜 악인들을 징계하지 않으시는가?"이고, 두 번째 질문은 "왜 남유다보다 더 악하고 하나님을 알지 못하는 바벨론을 쓰셔서 하나님의 백성인 남유다를 심판하시는가?"다. 3장 1-19절에는 하나님의 응답을 다 들은 하박국 선지자가 하나님께 드린 기도문이 기록되어 있다.

인생의 난제 앞에서 하박국 선지자처럼 "어느 때까지리이까"라고 하나님께 부르짖은 적이 있는가? 하박국서를 필사하면서 모든 의심이 확신으로 변화되기를 기대한다.

1

2

3

4

5

6

7

8

9

10

11

12

13

14

15

16

17

2

2

3

4

5

6

7

8

9

10

11

12

13

14

15

16

17

18

19

20

3

2

3

4

5

6

7

8

9

10

11

12

13

14

15

16

17

18

19

요한계시록

저자 : 요한

대상 : 소아시아 7개 교회 및 신앙 박해 상황에 직면한 1세기 말엽 그리스도인

목적 : 큰 고난과 핍박 중에 있는 교회와 그리스도인들에게 최후 승리를 언급해 소망을 주기 위해서

주제 : 아멘, 주 예수여 오시옵소서

구절 : "그들이 어린양과 더불어 싸우려니와 어린양은 만주의 주시요 만왕의 왕이시므로 그들을 이기실 터이요 또 그와 함께 있는 자들 곧 부르심을 받고 택하심을 받은 진실한 자들도 이기리로다"(계 17:14).

내용 : 창세기가 시작의 책이라면, 요한계시록은 성경을 마감하는 책으로서 세상과 역사의 마지막을 보여 주며 예수님의 재림과 종말을 다룬다. 요한계시록은 요한이 환상 중에 본 계시를 기록한 책으로, 예수 그리스도 중심의 종말론적 예언서다. 요한은 그 책을 소아시아 7개 교회(에베소, 서머나, 버가모, 두아디아, 사데, 빌라델비아, 라오디게아)에 보내라는 사명을 받는다.

3장까지 7개 교회에 보낸 편지가 뒤따르고, 4장 1절부터 19장 10절까지 '일곱 인', '일곱 나팔', '일곱 대접'으로 이어지는 하나님의 진노와 심판에 대한 환상이 나오며, 뒤이어 20장까지 그리스도의 재림과 세상 끝 날에 대한 환상을 기록하고 있다. 21-22장은 장차 도래할 새 하늘과 새 땅에 대한 환상으로 요한계시록을 마무리한다.

요한계시록은 계시를 통해 박해에 직면한 성도들을 위로하고 그 모진 핍박을 이길 힘을 주고자 쓰였다. 악한 권세가 하나님의 교회를 아무리 핍박한다고 해도 그들에게는 피할 수 없는 하나님의 심판과 재앙이 있고, 하나님의 말씀에 순종하여 어린양의 생명책에 이름이 기록된 자에게는 새 하늘과 새 땅이 주어진다는 사실을 알려 주기 위함이다. 요한계시록의 상징과 숫자에 얽매이기보다는 주님의 재림을 고대하며 필사를 통해 소망을 가지고 살아가자.

1

2

3

4

5

6

7

8

9

10

11

12

13

14

15

16

17

18

19

20

2

2

3

4

5

6

7

8

9

10

11

12

13

14

15

16

17

18

19

20

21

22

23

24

25

26

27

28

29

3

2

3

4

5

6

7

8

9

10

11

12

13

14

15

16

17

18

19

20

21

22

4

2

3

4

5

6

7

8

9

10

11

5

2

3

4

5

6

7

8

9

10

11

12

13

14

6

2

3

4

5

6

7

8

9

10

11

12

13

14

15

16

17

7

2

3

4

5

6

7

8

9

10

11

12

13

14

15

16

17

8

2

3

4

5

6

7

8

9

10

11

12

13

9

2

3

4

5

6

7

8

9

10

11

12

13

14

15

16

17

18

19

20

21

10

2

3

4

5

6

7

8

9

10

11

11

2

3

4

5

6

7

8

9

10

11

12

13

14

15

16

17

18

19

12

2

3

4

5

6

7

8

9

10

11

12

13

14

15

16

17

13

2

3

4

5

6

7

8

9
10

11

12

13

14

15

16

17

18

14

2

3

4

5

6

7

8

9

10

11

12

13

14

15

16

17

18

19

20

15

2

3

4

5

6

7

8

16

2

3

4

5

6

7

8

9

10

11

12

13

14

15

16

17

18

19

20

21

17

2

3

4

5

6

7

8

9

10

11

12

13

14

15

16

17

18

18

2

3

4

5

6

7

8

9

10

11

12

13

14

15

16

17

18

19

20

21

22

23

24

19

2

3

4

5

6

7

8

9

10

11

12

13

14

15

16

17

18

19

20

21

20

2

3

4

5

6

7

8

9

10

11

12

13

14

15

21

2

3

4

5

6

7

8

9

10

11

12

13

14

15

16

17

18

19

20

21

22

23

24

25

26

27

22

2

3

4

5

6

7

8

9

10

11

12

13

14

15

16

17

18

19

20

21

나의 사랑하는 필사 말씀 모음

필사를 하는 동안 마음에 와닿은 말씀들을 따로 모아 적어 둡니다.
해당 본문에서 말씀으로 주님이 어떻게 다가오셨는지 한눈에 확인할 수 있습니다.
적어 두면 날아가지 않습니다.

나의 사랑하는 필사 일기

필사하는 동안 드렸던 기도제목과 기억에 남는 에피소드를 적어 두세요.
다음 기회에 또 자연스럽게 필사를 시작할 수 있습니다.
신앙 유산으로 남기거나 선물할 경우 귀한 도전과 감동이 됩니다.

필사를 마치며 드리는 기도

한 권의 필사를 마치면서 주님께 감사기도를 드려 보세요.
어떤 말씀과 어떤 기도의 응답을 받았는지, 주님과 말씀으로
독대하면서 어떤 은혜들을 받았는지 솔직하게 고백해 보세요.